PUBLICATIONS
DE LA SOCIÉTÉ POUR L'ÉTUDE PRATIQUE DE LA PARTICIPATION
DU PERSONNEL DANS LES BÉNÉFICES

LA
PARTICIPATION AUX BÉNÉFICES

DISCOURS

PRONONCÉ LE 28 JUIN 1918 A L'ASSEMBLÉE GÉNÉRALE
DE LA SOCIÉTÉ

PAR

M. PAUL DELOMBRE

ANCIEN MINISTRE DU COMMERCE, DE L'INDUSTRIE, DES POSTES ET TÉLÉGRAPHES

PARIS
IMPRIMERIE ET LIBRAIRIE CENTRALES DES CHEMINS DE FER
IMPRIMERIE CHAIX
SOCIÉTÉ ANONYME AU CAPITAL DE TROIS MILLIONS
Rue Bergère, 20
1919

DISCOURS

DE M. PAUL DELOMBRE

ANCIEN MINISTRE
DU COMMERCE, DE L'INDUSTRIE, DES POSTES ET TÉLÉGRAPHES
PRÉSIDENT DE LA SOCIÉTÉ
POUR L'ÉTUDE DE LA PARTICIPATION AUX BÉNÉFICES

Messieurs,

Vous me voyez profondément ému. L'un des nôtres, l'un de nos amis les plus chers, l'un des plus attachés à notre œuvre, M. Baille-Lemaire, nous manque : la mort nous l'a pris. A la dernière réunion de votre Conseil d'administration, il y a quelques semaines à peine, nous l'écoutions encore. Il avait eu le courage de venir à la séance de notre Conseil, bien qu'accablé par un deuil cruel : son gendre, M. Armand Thévenin, était mort pour la France. Il avait tenu à nous apporter, quoique chancelant, une nouvelle preuve de sa fidélité inlassable.

Il n'est plus. Et je crois le voir, avec ce doux regard, ce bienveillant et lumineux sourire, tout ce charme qui nous ravissaient. Nous l'aimions! Sa bonté ne nous était pas moins précieuse que sa science des conditions du travail. Ne se confondaient-elles pas, au surplus? Durant toute sa vie il s'était penché sur les humbles, et son intelligence était comme un rayon de son âme. *(Mouvement.)*

Un heureux hasard — la vie politique vous ménage parfois de ces surprises — m'avait valu d'assister à son élection comme membre du Conseil de notre Société. C'était en 1899. J'étais ministre du Commerce et de l'Industrie, des Postes et des Télégraphes — le titre officiel à cette époque; — la Société de la Participation aux bénéfices m'avait fait l'honneur de me demander de présider son assemblée générale. A ma droite était Luzzatti; à ma gauche, Charles Robert, alors président de notre Société. Luzzatti! l'économiste, le financier, le philosophe, l'orateur dont est si justement fière l'Italie! J'avais, avec lui, mené à bonne fin l'arrangement commercial qui, nous l'avons bien vu, devait être fécond en résultats pour nos deux nations sœurs. De déplorables malentendus s'étaient élevés entre elles. La politique crispinienne avait pu faire craindre qu'elles ne fussent séparées pour longtemps. Luzzatti est un ami de la France. De quel cœur il travailla au rapprochement! Le commerce devait conduire à l'entente. On en peut mesurer les effets. Unies aujourd'hui, mêlant pour la même cause leurs drapeaux sur les champs de bataille, l'Italie et la France ont achevé de se retrouver. *(Applaudissements.)* L'armée autrichienne recule. Aux combattants italiens et à leurs alliés — nos soldats sont là — j'envoie l'hommage de notre gratitude et de nos grands espoirs. *(Nouveaux applaudissements.)*

A ma gauche, ai-je dit, j'avais Charles Robert. Nous ne le possédons plus, mais son âme plane toujours sur nous. Il avait largement contribué à fonder la Société de la Participation aux bénéfices, et, jusqu'à son dernier souffle, il la dirigea. Saluons, messieurs, ce grand homme de bien, ce croyant de la participation. *(Vifs applaudissements.)*

Quand il disparut, la Société se tourna vers moi, estimant sans doute que ma piété naturelle envers les vrais serviteurs du pays assurerait à Charles Robert un successeur qui, à défaut d'autres mérites, ferait de son mieux pour s'inspirer de son exemple et pour continuer son œuvre. *(Applaudissements.)* Peut-être aussi, en sa bienveillance si flatteuse, s'était-elle rappelé l'accueil que je lui avais fait, dès ses premiers pas, en 1879. Je m'étais plu à saluer, dans *le Temps*, l'œuvre qu'elle avait entreprise et à dire quels espoirs de progrès social, par une solidarité mieux montrée du capital et du travail, la participation aux bénéfices autorise. Seulement, elle veut la liberté. *(Très bien!)* J'écrivais — excusez ce souvenir :

« L'harmonie économique est la loi, osons le répéter en face des négations qui la blessent. Faudra-t-il que l'État intervienne, médiateur suprême, pour substituer ses arrangements à ceux des intéressés, et leur imposer, au besoin, un accord qui ne serait point dans leurs volontés? Mais, s'il avait ce droit, quelle en serait la limite? Encore une fois, nous ne voulons point de l'État pour le règlement du travail.

» Au surplus, son concours est inutile pour l'œuvre d'apaisement et d'entente qui est à accomplir. La liberté suffira à la tâche. C'est elle qui, montrant aux plus imprévoyants les défauts de la rémunération actuelle des salariés, inspirera et fera pénétrer dans les mœurs les améliorations qui sont indispensables (1). »

Plus on étudie la participation aux bénéfices, plus nettement on voit que, pour vivre et se développer, elle a besoin de la liberté. *(Applaudissements.)*

M. Baille-Lemaire avait des titres tout spéciaux au choix dont je fus le témoin. Je voudrais, non pas vous retracer cette noble existence, — comment le ferais-je à cette heure! — mais essayer simplement de vous dire quel fut l'homme, quelles institutions il créa, quels principes l'animèrent.

L'homme? Une simple scène vous le montrera.

C'était à Villeneuve-Saint-Georges. Le personnel de la maison Baille-Lemaire était réuni pour célébrer le soixantième anniversaire de la fondation de la maison. Sous une vaste tente étaient groupés, autour de M. Baille-Lemaire, la bisaïeule, les chefs de la famille, leurs enfants et petits-enfants, et aussi tous les collaborateurs travaillant dans la maison depuis cinq ans au moins, chacun d'eux accompagné de sa femme et d'un enfant : bien que la tente fût immense, il avait bien fallu se résigner à ces strictes conditions.

Un délégué du personnel prit la parole au déjeuner amical servi à cette admirable famille ouvrière; et je l'entends encore, louant et remerciant M. Baille-Lemaire, lui exprimant la déférence et la sympathie de tous pour lui et les siens, attestant enfin comme la solidarité entre le capital et le travail s'affirmait d'une façon éclatante dans les institutions de la maison. Nous dûmes constater à quel point notre vénéré ami avait gagné le respect et l'affection de son personnel.

Les tables enlevées, un bal suivit. Plus d'absents...

La chose fut exquise et fort bien ordonnée,

---

(1) *Le Temps,* du 5 décembre 1879.

suivant le vers charmant de Victor Hugo. On entendait une musique digne, en vérité, de l'harmonie générale. Et c'était — la bien nommée! — *l'Harmonie* de la maison Baille-Lemaire, création due à notre collègue. La joie brillait dans tous les yeux. L'amabilité, la belle humeur, la simplicité affable de M. Baille-Lemaire ajoutaient à la fête. Pour tous ses collaborateurs, à quelque rang qu'ils se trouvassent, il avait mêmes égards, égale sollicitude. Il était le guide écouté, l'ami sûr, le patron dans toute la force du terme.

Tel était l'homme, beau chef de famille et grand chef d'industrie, joignant aux vertus qui font le foyer domestique rayonnant, celles qui assurent le travail prospère.

De son œuvre, à peine si je vous présenterai une esquisse. Je néglige même tous les travaux scientifiques par lesquels il s'était distingué et qui lui avaient valu de hautes récompenses. Ancien élève de l'École polytechnique, professeur à l'École municipale de physique et de chimie industrielles, il s'était livré à des recherches qui l'avaient conduit à des découvertes intéressantes sur l'optique. Mais je ne vous entretiendrai que de ses initiatives dans l'ordre social.

En 1847 avait été fondée une entreprise assurément bien modeste : en tout et pour tout, un patron, — M. Lemaire, le fondateur, — et un ouvrier. C'est elle qui, par la suite, et non sans avoir été aux prises avec de sérieuses difficultés — celles de la Révolution de 1848, par exemple, — est devenue l'établissement considérable connu dans le monde entier, d'abord sous le nom de *Manufacture de jumelles Lemaire*, puis sous celui d'*Établissements Baille-Lemaire et fils*.

Dès 1861, M. Lemaire avait organisé dans sa maison une école d'apprentissage, un pensionnat des apprentis. En 1865, il créait une caisse de secours mutuels; en 1869, il instituait une prime au temps de présence, embryon des perfectionnements que comporte la rémunération du travail. L'année suivante, M. Baille épousait la fille de M. Lemaire, et celui-ci le prenait, en 1871, pour codirecteur.

A partir de ce moment, les institutions de solidarité et de prévoyance s'accentuent. Les anciennes se développent, de nouvelles apparaissent. En 1878, une Caisse de retraites est établie. En 1881, l'*Harmonie des ateliers Lemaire* se fonde. En 1885, la participation aux bénéfices est créée.

C'est l'année où M. Lemaire s'éteignit. Il s'était acquis l'estime générale et il avait su, par de doubles liens avec M. Baille, assurer l'avenir moral et matériel de son entreprise, — union si étroite que les deux noms n'en firent plus qu'un.

Ceux d'entre vous qui seraient désireux de détails sur les règles et le fonctionnement de la participation aux bénéfices dans les établissements Baille-Lemaire pourront se reporter à une étude très complète publiée dans notre *Bulletin* (¹). Je n'insiste pas sur le succès obtenu : il a répondu à toutes les espérances.

C'est que l'œuvre n'était sortie ni d'une improvisation plus ou moins sentimentale, ni d'une loi arbitraire. Elle avait été mûrement réfléchie et adaptée par les responsables de l'entreprise aux conditions qui lui sont propres. Elle n'était que l'application sagace et libre de principes tels que ceux-ci :

« Un patron, a écrit Baille-Lemaire, doit avoir une organisation sociale comme il a un outillage perfectionné, parce que ces deux termes vont a la même fonction qui est d'obtenir une fabrication plus active et des produits meilleurs. »

Et, ailleurs :

« Les institutions patronales sagement conduites amènent une harmonie complète entre la direction et les ouvriers. »

Il écrivait encore :

« La prospérité de mon entreprise, que j'attribue uniquement au développement graduel des institutions patronales, montre que je ne suis pas bien loin de la vérité quand je considère l'outillage social comme imposant les mêmes obligations que l'outillage mécanique. »

Quelle modestie en cette appréciation des causes de la prospérité de son entreprise! Mais quel enseignement aussi!

Et ces vues :

« On s'imagine trop souvent qu'on ne peut commencer l'organisation sociale dans sa maison qu'après être arrivé au

---

(¹) Tome XII, page 21.

sc......et de la fortune. Quelle erreur ! Les institutions patronales doivent commencer avec l'entreprise elle-même et se développer avec elle. »

Hardiesse ? Non : sagesse. Plus tôt et mieux se fera sentir, en des institutions tangibles, l'accord suprême du capital et du travail, plus croîtront les chances de paix sociale et de commune prospérité pour tous. *(Très bien !)*

Seulement, de même que la richesse durable des nations est liée à l'état de leurs mœurs et à la nature de leur idéal, la valeur et le sort de ces institutions dépendront de qualités morales sans le maintien desquelles elles ne pourraient que péricliter. Baille-Lemaire l'affirmait :

« Ce qui a caractérisé les institutions de la maison, c'est que nous les avons toujours dirigées de façon à les favoriser à l'aide de la constitution de la famille, et aujourd'hui encore, malgré la perturbation que nous apportent les réglementations nouvelles... »

Cela est écrit, non pas hier, — on pourrait s'y tromper, — mais en 1907.

« ... notre règle de conduite est toujours la même, et nous regardons attentivement ce qui touche à la famille de nos collaborateurs, car lorsqu'il est devenu père de famille, l'homme prend aussitôt une valeur morale qui accroît certainement la valeur de son moral à l'atelier. »

Oui, la famille ! Qui fonde une famille s'affirme, déploie sa personnalité, acquiert une dignité. Il se grandit par le respect de soi, le sens de la vie, la conscience des devoirs envers ceux qui, nés de lui, auront à garder et à transmettre, avec l'honneur du nom, le culte du foyer. La famille c'est l'individu soutenu, la maison fortifiée, la Patrie garantie. *(Applaudissements.)* Et, là encore, Baille-Lemaire prêchait d'exemple.

Vous jugez, messieurs, si avec une telle conscience notre regretté collègue avait dû être séduit par l'idée de la participation aux bénéfices, et s'il avait sa place marquée au Conseil de votre Société. *(Très bien !)* Mais, précisément, plus il estimait la participation susceptible d'heureux résultats pour l'amélioration de la condition ouvrière et l'entente si désirable entre le capital et le travail, mieux il en discernait les caractères et mettait en garde contre des illusions dangereuses. Il écrivait, en 1890 :

« Depuis quelques années, on prône beaucoup la participation aux bénéfices comme une sorte de panacée universelle destinée à guérir toutes les plaies sociales et à ramener la justice et la cordialité sur la terre.

» Je suis moins enthousiaste et, tout en admettant que le procédé recommandé présente de très grands avantages, je crois qu'il faut l'étudier de près et se garantir des idées toutes faites. »

Observer les faits, se garder des idées préconçues, ne point bâtir dans les nuées ni sur le sable, mettre au service des aspirations les plus hautes et de l'idéal le plus élevé le sens des réalités, c'est l'unique moyen de contribuer au progrès social par des œuvres non décevantes.

La Société pour l'étude pratique de la participation du personnel dans les bénéfices est pénétrée de cette vérité. Son nom même l'indique : c'est une société d'études pratiques. Nous ne bâtissons pas en l'air. Nous ne traçons pas de plan théorique. Pas plus que M. Baille-Lemaire, nous ne croyons que la participation aux bénéfices soit une sorte de panacée universelle; il n'est pas de panacée universelle. Mais, à sa place, établie avec soin dans les conditions qui lui sont propres, « elle présente de très grands avantages ». En faisant mieux sentir la solidarité du travail et du capital, en intéressant davantage le salarié au succès de l'entreprise tout en lui maintenant son salaire et en le préservant du risque de pertes, la participation stimule les initiatives, le souci du bon travail, la conscience du plein effort possible; elle développe l'esprit de prévoyance, favorise l'accès à la propriété individuelle, encourage à la famille, facilite la mutualité. Au point de vue moral comme au point de vue matériel — on ne doit jamais séparer celui-ci de celui-là, — elle apparaît comme un élément de progrès, de civilisation et de paix. *(Vive approbation.)*

Rechercher dans quelles conditions employeurs et employés peuvent le plus sûrement coopérer ensemble à une prospé-

rité qui n'importe pas à eux seuls, mais d'où dépendent la
richesse, l'influence et la force d'expansion du pays; envi-
sager, comparer et faire connaître les œuvres existantes;
permettre ainsi aux patrons de profiter de l'expérience
acquise, d'une part en combinant eux-mêmes, suivant les
exigences de leur propre industrie, les éléments divers
d'exemples variés, et, d'autre part, en évitant les écueils
où leur bon vouloir pourrait se briser : tel est notre programme.
Quarante années sont là pour dire si nous y avons été fidèles.

Qu'on ouvre la collection de notre *Bulletin*, cette publica-
tion qui fait tant honneur à notre éminent et dévoué secré-
taire général, M. Albert Trombert (*Applaudissements*) : toutes
les informations relatives à la participation aux bénéfices,
qu'il s'agisse de la France ou de l'étranger, ont été recueil-
lies. Statuts, congrès, enquêtes officielles, délibérations par-
lementaires et lois — celles qui concernent, notamment, la
création des actions de travail, — les entreprises elles-mêmes
et les études dont elles ont pu être l'objet, le *Bulletin* les
présente.

On peut se référer, en outre, au *Guide pratique de la participation aux bénéfices*, dû également à M. Albert Trombert.
Quiconque veut s'éclairer sur la participation aux bénéfices,
et souhaite en instituer une dans son établissement, a sous
la main tous les éléments qui lui sont nécessaires pour agir
avec le plus de chances de succès.

Vous savez quelle part notre Société a prise aux Congrès
dans lesquels l'œuvre a été étudiée sous tous ses aspects :
Congrès internationaux, d'abord, tenus à Paris, en 1889 et
en 1900, le premier sous la présidence de Charles Robert et
le second que j'eus l'honneur de présider; puis, Congrès
national, réuni à Bordeaux, en 1912, sous la présidence de
M. Paul Doumer, — si cruellement frappé, lui aussi. (*Mouvement.*) La guerre a été sévère pour les amis de la participation aux bénéfices; nous sommes, ici, entourés de deuils,
mais nous savons que le droit l'emportera et que nos morts
seront vengés. (*Vifs applaudissements.*)

La Société peut regarder non sans fierté son passé. Elle
est à la disposition de tous ceux qui voudraient la consulter.

Elle considère que, dans les temps qui se dessinent, elle ne peut que voir grandir son rôle et ses services. L'accord du capital et du travail, toujours nécessaire, sera plus désirable que jamais. Il est indispensable à la reconstitution des richesses détruites par les Barbares.

On paraît s'en rendre compte, et de grands pays, nos alliés, se sont mis à étudier d'une façon toute spéciale les moyens d'entente cordiale entre salariants et salariés.

Vous avez certainement connaissance de l'enquête qui s'est ouverte, pour cet objet, en Angleterre. Vous savez que le Cabinet de guerre (*War Cabinet*) réorganisa la Commission de reconstruction (*Reconstruction Committee*), en la chargeant d'étudier « la réorganisation de l'industrie et spécialement l'avenir des relations entre patrons et ouvriers ». Une sous-commission (*Sub-Committee on Relations between employers and employees*) a abouti à un rapport que le *Times* du 29 juin 1917 a publié. On désigne généralement ce document sous le nom de rapport Whitley, la présidence de la sous-commission ayant été confiée par le gouvernement à M. J. H. Whitley — Right hon. J. H. Whitley — membre du Parlement et copropriétaire de filatures importantes. Or, je lis dans ce rapport :

« Il est admis par tout le monde que les circonstances actuelles sont particulièrement favorables à une amélioration permanente des relations entre patrons et ouvriers, et que, faute de saisir l'occasion, le pays pourrait se trouver. à la fin de la guerre, engagé dans de graves difficultés d'ordre industriel. »

Évidemment, nos voisins et amis ont une raison particulière de se préoccuper des difficultés qui pourraient surgir pour leurs industries après la guerre, au moment où la suspension provisoire des prérogatives des Trade-Unions aura pris fin. Ils peuvent craindre le retour et l'aggravation des agitations auxquelles les masses ouvrières anglaises ont patriotiquement renoncé pour la durée des hostilités. Mettre à profit la trêve consentie, ne pas perdre un instant pour jeter les bases d'accords durables, voilà d'excellente politique.

La sous-commission, tenant compte des organisations

anglaises, a élaboré tout un programme comportant, par industrie : à la base, des commissions mixtes d'ateliers ou d'usines; puis, des conseils de districts, créés en dehors des organismes existants, mais représentant les Trade-Unions et les associations patronales ou les conseils mixtes d'arbitrage déjà constitués; enfin, un conseil industriel national. L'esprit corporatif est des plus intenses en Angleterre et c'est sur lui, sur ses développements continus et son extension générale, que la sous-commission a fondé toutes ses recommandations. Mais on est en face d'organisations volontaires, créées librement, sorties du génie particulier de la race, et qu'aucun homme d'État anglais ne songerait même ni à imposer par une loi, ni à subordonner à l'État. A chaque page, ce rapport Whitley et les rapports de la même sous-commission qui l'ont suivi et complété, protestent contre une intervention quelconque de la loi en pareille matière.

La sous-commission s'est prononcée expressément contre l'arbitrage obligatoire. Elle est d'avis que, pour régler des différends que l'organisation nouvelle n'aurait pas réussi à prévenir, le moyen le meilleur serait le recours à des enquêtes ouvertes par les soins du ministre du Travail à la demande des intéressés. Telle est, en effet, la voie la plus sûre, car elle exclut toute décision gouvernementale arbitraire et elle implique le contrôle de l'opinion. *(Très bien! Très bien!)*

Le rapport n'a point passé sous silence la participation aux bénéfices. Qu'en dit-il? Loin de tomber dans l'erreur de ceux qui la voudraient obligatoire ou soumise à des règles que le législateur aurait fixées, il déclare que, « pour les questions de participation aux bénéfices, d'association ou de modalités particulières du salaire, les conditions de chaque industrie sont trop variables pour qu'il soit possible de recommander quelque système que ce soit ». Cette indication est celle-là même qui résulte de toutes les constatations faites par notre Société ou apportées aux divers congrès de la participation aux bénéfices.

Que de fois ne l'avons-nous pas dit : les organisations naturelles, nées de la libre initiative, diffèrent et varient tellement, d'établissement à établissement, que tout système imposé à la participation serait pour elle le coup mortel. Il en serait ainsi particulièrement dans notre pays d'individualisme et de liberté, où le goût personnel, l'esprit d'invention, l'ingéniosité de chaque dirigeant responsable ont une si grande influence sur la valeur des produits et sur notre puissance d'expansion dans le monde. En France, ou bien l'État laissera libre la participation aux bénéfices, ou bien il l'aura tuée.

D'ailleurs, la participation aux bénéfices véritable ne se conçoit que libre. Sursalaire, s'ajoutant à la rémunération normale et légitime du travail, elle suppose, sous peine de se transformer en charité ou d'apparaître comme un moyen de confiscation, une contre-partie, qui consiste en une collaboration plus complète à la production. La participation aux bénéfices n'est pas une institution charitable; le patron qui la crée ne fait pas une aumône. Vous n'avez pas oublié l'indignation de notre vénéré Goffinon lorsqu'on prétendait assimiler la participation aux bénéfices à une œuvre de philanthropie. Il n'était pas loin de voir dans cette assimilation une injure : n'était-elle pas une atteinte à la dignité du salarié? Ne médisons pas de la philanthropie : l'homme ne se penchera jamais avec une pitié trop tendre sur la douleur, la faiblesse, la misère. Nul plus que notre regretté vice-président ne connut les douceurs de la bonté; mais il entendait qu'une institution comme la participation aux bénéfices ne fût pas défigurée, et que cet élément de progrès social gardât ses titres d'honneur parmi ceux qui se réclament de la science économique et des lois supérieures qui gouvernent l'échange des services. *(Applaudissements.)*

Le capital assume toutes les responsabilités de l'entreprise. Il doit à ses collaborateurs une rémunération fixe. Alors même qu'il ne recevrait, lui, aucune rétribution, il en doit une à ses aides, et, pour la leur payer, il ira jusqu'à se sacrifier tout entier. La participation aux bénéfices veut, avant tout, le salaire normal payé, avec exclusion de toute participation aux pertes pour le salarié. Sans être corrompue dans son essence, sans un abus intolérable de mots, elle ne saurait donc être confondue avec le salaire. D'autre part, en retour des avantages qu'elle confère au salarié, elle attend de lui d'incontestables profits pour l'employeur : une économie de matières, une production plus soutenue, un attachement raisonné. Le patron espère une stabilité moins précaire du personnel participant, la fin des grèves, la possibilité de nouer en toute confiance des engagements; il compte pouvoir se consacrer sans troubles aux devoirs de sa tâche et à la direction qui lui incombe. Ainsi, la participation aux bénéfices laisse au capital et au travail, l'un et l'autre libres, leur rôle distinct, mais, par une entente qui met en lumière leur solidarité, elle féconde leurs forces respectives, élève patrons et ouvriers, crée pour les uns et pour les autres un double enrichissement, matériel et moral, dont profite la Patrie. *(Applaudissements.)*

Si la participation aux bénéfices n'a été visée qu'incidemment dans le rapport Whitley, par contre elle a fait l'objet, aux États-Unis, d'une enquête considérable. Notre *Bulletin* vous en a entretenus, à différentes reprises. Il nous a semblé que le rapport auquel elle a donné lieu méritait une analyse détaillée. Vous l'aurez lue dans le premier numéro du *Bulletin* de cette année. Elle est due à M. Benjamin Cohen, un précieux collaborateur de M. Charles Tuleu, de qui il fut le camarade à l'École polytechnique... J'aperçois M. Cohen. Permettez-moi, messieurs, de le remercier de son travail si intéressant. *(Très bien!)*

L'enquête américaine a été faite par les soins du Ministère du travail de Washington. Un questionnaire, élaboré avec une compétence remarquable, s'étendait à toutes les formes de la participation aux bénéfices. Un rapport, dû à M. Boris Emmet, en a présenté les résultats. C'est un document d'une précision, d'une clarté, d'une méthode, au-dessus de tout éloge. Le *Department of labor* nous en a gracieusement fait l'envoi, et je l'en remercie de nouveau.

M. Boris Emmet signale le nombre relativement faible des établissements où fonctionne une participation aux bénéfices cadrant absolument avec les termes de la définition admise par le Congrès international de 1889. Celui-ci a pu d'autant plus y mettre de rigueur que la liberté demeurait, à ses yeux, le principe dominant. A chaque patron appartient, a-t-il proclamé, le choix des moyens de rétribution les mieux appropriés aux besoins de son affaire : voilà l'idée fondamentale. Loin d'être en contradiction avec les décisions de 1889, de 1900 ou de 1912, la classification nouvelle à laquelle M. Boris Emmet s'est arrêté s'inspire, en réalité, de l'esprit qui les a dictées.

Le savant rapporteur a groupé en trois catégories les modes de rémunération du travail ne comportant pas exclusivement un salaire fixe. Dans la première il a rangé les maisons pratiquant une « participation aux bénéfices proprement dite », dont jouit le tiers au moins du personnel; dans une deuxième, les maisons qui ont créé une participation en faveur seulement d'un nombre de salariés inférieur à celui-là, participation réservée aux collaborateurs principaux et aux employés de bureau; dans la troisième sont compris les établissements où fonctionne un système quelconque de primes au travail.

De nombreux tableaux ont été dressés en conséquence, éclairés par les observations les plus précises. Devant les constatations qui s'en dégagent, il est impossible de ne pas être frappé de la variété des formes de la rémunération du travail aux États-Unis. Les deux premières catégories, où nous retrouvons des traits qui nous sont familiers, forment un ensemble de participations vraiment admirable. Une infinie variété de modalités s'y observe, soit quant aux bases de la participation, soit quant aux conditions de paiement. C'est, dans toute son efflorescence, l'œuvre qui nous est si chère. Libre, sur une terre de liberté, elle atteste à la fois, aux États-Unis comme en France, l'ingéniosité des chefs d'industrie qui l'utilisent et la souplesse merveilleuse du régime. *(Applaudissements.)* Américains et nous, sur ce terrain encore, nous combattons pour la même cause : le droit à l'indépendance et à la liberté. *(Nouveaux applaudissements.)*

La participation aux bénéfices n'a pas de statut légal aux États-Unis. Il ne lui en faut pas. Sa nature répugne aux lisières. Ce fut la conclusion de la vaste enquête française dont M. Albert Trombert a retracé, en une étude passionnante, les enseignements principaux; il vient de l'achever. Elle est digne, à tous égards, des travaux précédents de notre cher et éminent collègue. *(Très bien!)*

Quoique déjà ancienne, l'enquête n'a rien perdu de son intérêt. Il aurait plutôt grandi en raison de l'importance nouvelle de la question du travail — nouvelle! non pour aucun d'entre vous, certes, messieurs, mais pour nombre de gens qui s'exclament, aujourd'hui, devant elle et qui s'avisent de la découvrir. Ils s'imaginent volontiers que rien n'a été fait avant eux et que le monde les a attendus pour s'occuper des problèmes économiques et sociaux. *(On rit.)* Souhaitons que le zèle soudain de ces néophytes n'aille pas au rebours du progrès! L'enquête rappelée si à propos par M. Albert Trombert est pleine d'enseignements dont ils pourront faire leur profit.

C'est M. Waldeck-Rousseau qui la décida. Par un arrêté du 20 mars 1883, il institua une commission extraparlementaire des associations ouvrières, avec ce mandat : 1° rechercher le moyen de faciliter aux associations ouvrières leur admission aux adjudications de l'État; 2° étudier dans quelle mesure il serait possible d'obtenir des entrepreneurs la participation de leurs ouvriers dans les bénéfices de leurs entreprises.

Pour s'éclairer, la Commission devait consulter les personnes les plus compétentes. Peu à peu, l'enquête s'élargit. Elle se prolongea jusqu'en 1888. Un rapport général, présenté par M. Barberet, en donna l'historique et en fit connaître les conclusions. Je les recommande à tous les esprits désireux de vérités. Voici comment s'exprima le rapporteur au nom de la Commission :

« La participation peut et doit être propagée et encouragée par la publicité et les moyens d'influence dont le gouvernement dispose; mais elle ne doit être ni subventionnée par le budget, ni imposée par la loi... »

De l'influence gouvernementale, nous n'attendons rien. Nous désirons simplement que l'État daigne ne pas nous gêner. En réalité, la liberté individuelle suffirait à tout, pourvu qu'elle n'eût pas à suhir d'entraves.

« Aucune obligation, continue le rapporteur, ne doit être inscrite à cet égard dans notre code civil pour modifier le contrat de louage en y introduisant par voie de contrainte le principe de la participation aux bénéfices. »

On ne saurait mieux dire, et voilà la formule exacte. Conclusion dernière :

« Un jour viendra peut-être où ce système, étant entré dans les mœurs industrielles et commerciales, comme l'est déjà le métayage en agriculture, il sera opportun d'en indiquer les traits principaux dans un chapitre du code : mais il faudra dans ce cas réserver expressément aux parties intéressées la faculté de déroger à la règle ainsi tracée par le législateur à titre de renseignement, ainsi qu'on l'a fait pour le contrat de mariage, en ce qui concerne les régimes codifiés. On ne saurait trop insister sur ce point essentiel. C'est par la liberté que la participation devra se généraliser dans notre pays, si cet heureux avenir lui est réservé. »

Par la liberté, par elle seule, — on ne le répétera jamais trop, — la participation aux bénéfices peut vivre et se développer. Se généraliser? Suivant le mot de Cheysson, elle est une arme de la panoplie, elle n'est pas la panoplie tout entière. Elle n'est que l'un des moyens de vaincre les obstacles au progrès social. Aucun n'est négligeable : institutions d'épargne, de prévoyance, mutualités, coopératives, habitations à bon marché, caisses de retraites, participation aux bénéfices, les « armes » abondent, toutes augmentant les facultés de l'homme, facilitant à l'individu la propriété en lui enseignant la valeur de l'effort, la grandeur de la conscience, la beauté de la famille, l'harmonie des intérêts, toutes contribuant à la richesse, à la puissance et au rayonnement de la France. *(Applaudissements.)* La participation aux bénéfices, loin de prétendre à une action exclusive des autres, les appelle toutes et, je puis dire, les favorise, puisque la diversité de ses applications et sa souplesse se prêtent aux combinaisons les plus variées.

Si elle est loin d'avoir pris encore dans le monde du travail

la place que lui souhaitent les amis de la paix sociale, elle
a résisté, du moins, à de graves épreuves, et ceux-là, en
vérité, sont bien mal venus à la plaindre de son essor hési-
tant, qui accumulent autour d'elle les difficultés. Sans
sécurité du lendemain, sans certitude de conventions stables,
quels engagements contracter? Comment fonder des participations aux bénéfices, quand tout bénéfice est rendu aléa-
toire par la perspective de lois fiscales rétroactives ou de
réglementations étouffantes? *(Très bien!)* Nous ne demandons
pas que l'État encourage la participation aux bénéfices : nous
réclamons qu'il ne la ruine pas. *(Applaudissements.)*

Il n'y a pas à se le dissimuler, les forces de réaction
devenaient formidables. La guerre a montré comme l'infiltra-
tion germanique s'était faite dangereuse, menaçant de dis-
soudre peu à peu les mœurs françaises, les idées, l'organisation, le génie de la France. Lois, arts, belles-lettres,
institutions sociales, tombaient sous le joug ennemi. Le
brouillard se substituait à la clarté; l'esprit de domination
à l'esprit d'indépendance. Les principes de la Révolution
française étaient répudiés; la propriété privée, la liberté
individuelle, la famille, ces sources vives de l'émancipation
humaine, subissaient des atteintes de jour en jour plus graves.
Les impôts à la boche, le socialisme suivant l'évangile de
Karl Marx, la haine du capital, la grève perlée, le sabotage,
s'installaient chez nous comme en pays conquis. Par quel
miracle les entreprises appliquant la participation aux bénéfices se fussent-elles multipliées?

Tout danger n'est pas écarté, mais nous nous refusons à
croire que la France, après avoir eu ses terres libérées par
l'héroïsme de nos soldats et de leurs alliés, reste en proie
à la gangrène allemande. *(Très bien!)* Cette invasion sera
chassée comme l'autre. La participation aux bénéfices pourra
se développer librement.

Pour hâter les libérations nécessaires, nous redoublerons nos
efforts. Nous le devons à la mémoire de nos devanciers. *(Très bien!)*

Comment agir? Écoutons Baille-Lemaire :

« Les ouvriers ont, comme toutes les puissances, leurs
courtisans et leurs détracteurs. J'ai tâché de n'être ni l'un

ni l'autre, tout en essayant de réaliser ce principe énoncé fréquemment et encore si mal compris, que les intérêts des patrons et ceux des ouvriers se confondent toujours. En montrant la plus grande confiance dans ces ouvriers réputés indisciplinés, en agissant avec eux avec douceur et bienveillance, en se donnant soi-même tout entier et sans arrière-pensée, on peut espérer d'être accepté d'eux. » *(Applaudissements.)* Se donner tout entier et sans arrière-pensée, le devoir est là. *(Nouveaux applaudissements.)*

Et c'est le secret de la victoire : voyez nos héros. Quand la brutale agression allemande se produisit, la France entière fut debout. La vraie France se retrouva, non préparée, mais résolue. Y avait-il des distinctions de rangs, de classes, de religions? Il n'y eut que des Français. Pour le droit, l'honneur, la justice, la liberté, pour la France en qui s'incarnent ces principes, ils se sont dressés unanimes. Ils se sont donnés tout entiers. Alors la signification de la guerre déchaînée par les Germains s'est révélée au monde. Les nations civilisées ont compris que la cause de la France était la leur, et que la liberté humaine est indivisible.

L'avenir de l'humanité est en jeu. Le combat est dur, mais, pour nous, l'issue n'en fut pas douteuse un instant : le droit et la liberté ne peuvent périr. *(Applaudissements.)*

Confiance, donc! A quelque sacrifice qu'on soit exposé, de quelque deuil que l'on souffre, confiance! Que les plus éprouvés soient les plus confiants : l'âme de leurs morts veille à l'accomplissement de la justice. *(Mouvement. Applaudissements répétés.)*

IMPRIMERIE CHAIX, RUE BERGÈRE, 20, PARIS. — 841-1-19. — (Encre Lorilleux).

www.ingramcontent.com/pod-product-compliance
Lightning Source LLC
Chambersburg PA
CBHW060641080726
47818CB00041B/615